Inhalt

Leistungssteigerung durch professionelles Controlling - Für viele Unternehmen ein Tabu

Kernthesen

Beitrag

Fallbeispiele

Weiterführende Literatur

Impressum

ND

Leistungssteigerung durch professionelles Controlling - Für viele Unternehmen ein Tabu

M. Westphal

Kernthesen

- Viele Unternehmen werden nur unzureichend professionell im Hinblick auf das Ziel Performancesteigerung geführt.
- Für die Öffentlichkeit deutlich sichtbar tritt dieses Problem aktuell bei europäischen Profi-Fußballvereinen auf.
- Aber auch vielen anderen Unternehmen und Institutionen mangelt es an einem "state-of-the-art"-Controlling zur Leistungsmessung und Leistungssteigerung.

- Deutliche Performanceunterschiede lassen sich zwischen börsennotierten und nicht-börsennotierten Unternehmen erkennen.

Beitrag

Viele Unternehmen werden nur unzureichend professionell im Hinblick auf das Ziel Performancesteigerung geführt

Viele Unternehmen betreiben kein oder nur ein unzureichendes Controlling im Hinblick auf die Ziele Leistungsmessung und Leistungssteigerung. Exemplarisch zeigt sich dies bei Sportvereinen und -verbänden. Analog betrifft das zahlreiche andere Verbände und Vereine, aber auch kommunale Unternehmen und eine Vielzahl nicht-börsennotierter Wirtschaftsunternehmen. Die grundsätzlichen Problemstellungen sind die gleichen (wie auch anhand von einigen Beispielen aufgezeigt wird), nur die Art des Produktes und damit der generelle Bezugsrahmen für den Aufbau eines Performance Measurement Systems, wie auch Controlling-Systems, unterscheiden sich.

Professionelles Performance-Measurement bei Vereinen

In der Presse wird dieses Thema insbesondere am Beispiel vieler europäischer Profi-Fußballvereine und ihrer Finanzkrise erläutert und analysiert. Die Produkte von Profi-Fußballvereinen als immaterielle Güter sind mit einer hohen Emotionalität behaftet, daher ist so vielleicht die große aktuelle Publizität speziell ihrer Controlling-Probleme zu begründen. Aber auch andere Unternehmen und Institutionen, die nicht so sehr im Fokus des öffentlichen Interesses stehen, müssen sich mit diesem Problem auseinandersetzen.

Der Zusammenbruch der Mediengesellschaften Kirch in Deutschland und ITV Digital in Großbritannien lässt für die Fußballvereine eine ihrer bedeutendsten Einnahmequellen schrumpfen. Es fehlt den Vereinen neben professionell geführten Rechnungswesen- und Controllingabteilungen insbesondere ein verankertes Performance-Measurement-System mit all seinen Bausteinen wie Wettbewerb- und Marktanalyse in dem neben rein quantitativen Kennzahlen auch weichere Analysewerkzeuge, die eine Steuerung des Gesamtsystems Fußballclub mit all seinen beeinflussenden Faktoren und auch Potenzialen, überwachen, genutzt werden.

Die zu entwickelnden Instrumentarien für Profi-Sport-Organisationen müssen einerseits darauf abzielen, ein Maximum der erzielbaren Vermarktungserlöse auf der Ebene der Clubs zu akkumulieren und gleichzeitig innerhalb der jeweiligen Organisation eine zielorientierte Harmonisierung sportlicher und wirtschaftlicher Aspekte vorzunehmen. Die spezielle Problematik bei Sport-Organisationen ist das turbulente Umfeld mit sich schnell ändernden Rahmenbedingungen in Verbindung mit einem großen Mangel an systemimmanenter Solidität und Erfahrung mit betriebswirtschaftlichen Instrumenten.

Diese Dynamik und Komplexität der Umwelt darf aber nicht als Argument missbraucht werden, dass jegliche Planung sinnlos sei. Denn nicht nur Sport-Organisationen, sondern auch viele andere Unternehmen wie die zahllosen gescheiterten Internet-Unternehmen zeigen, dass auch in einer extrem schnelllebigen Branche nur diejenigen überleben, die eine klare Zielausrichtung und fundierte Pläne (samt entsprechender Kontrolle) basierend auf sorgfältig erhobenen Umweltinformationen zur Erreichung dieser Ziele, haben.

Die Schaffung von professionellen Strukturen durch ein Going Public könnte helfen, Vereinspräsidenten stärker an ihrem ganzheitlichen Erfolgen zu messen, im Vergleich zu den derzeit recht geringen Folgen, die ihr wirtschaftliches (Fehl-)Verhalten sie spüren lässt. Allerdings üben aktuelle Beispiele wie die Wahl der Rechtsform KGaA bei Borussia Dortmund dem entgegen, da die Mitbestimmungsrechte der Eigentümer verhindert werden.

Sobald sich Spieler und Spielerberater, die in ihren Verhandlungen die exorbitanten Personalaufwandsquoten der Vereine nicht unwesentlich beeinflussen, nicht mehr ehrenamtlichen, sondern strukturierten Controllern mit klaren Strategien und definierten Limits gegenübersähen, könnte man vermuten, dass sie bei einem gut gemanagten und wirtschaftlich erfolgreichen Club mittel- bis langfristig die besten Entwicklungschancen erwarten würden und somit auch einen höheren variablen, erfolgsorientierten Anteil ihrer Gehälter akzeptieren würden.

Zu erwarten ist, dass eine Professionalisierung des Club-Managements (wie auch eine evtl. notwendige Professionalisierung des Managements anderer, ähnlich ineffizient und nicht-zielgerichteter Unternehmen) evolutorisch betrachtet als Pendel anzusehen wäre, welches zunächst stärker in Richtung einer stärkeren Formalisierung ausschlagen muss. Erst wenn alle Beteiligten die betriebswirtschaftliche Dimension ihres Handelns verinnerlicht und ihre Aktivitäten darauf ausgerichtet haben, könnte das Pendel hin zu lockereren, mehr eigenverantwortlichen Strukturen ausschlagen. (1)

Neben den Sportvereinen, sind auch die Verbände gefordert, über schlankere Strukturen und eine gerechtere Verteilung der Fördermittel, eine insgesamt effizientere und zielgerichtete Organisation aufzubauen. Heute sind die Verbände von ihrer Struktur und Ausprägung her nicht auf eine Beschränkung auf die ihnen abverlangten notwendigen Aufgaben ausgerichtet. Die Großvereine z. B. erwarten sich eine qualifizierte und leistungsbezogene Sport- und Vereinsförderung. Die Etats der Landessportbünde sind von Lotto- und Totoerträgen sowie staatlichem Wohlwollen abhängig. Ein Großteil der Etats versickert aufgrund traditioneller Strukturen und Hierarchien in hohen Personal- und Verwaltungskosten. Die Vielfalt föderaler und kommunaler Sportförderung (ca. 95% der Zuwendungen) nährt den bürokratischen Aufwand und verhindert Transparenz. Als Beispiel für einen aktuell von der Politik geforderten Reformansatz ist die Gewährung von Übungsleiter-Zuschüssen zu erwähnen, die nicht mehr nach

Mitgliederzahl vergütet werden sollen, sondern nach Leistungen der Jugendarbeit und -Förderung. (2)

Selbstverständlich passen die Anmerkungen zu Controlling in Fußballvereinen auch analog auf die Sportbranchen Tennis, Eishockey, Handball oder Basketball.

Mangel an "state-of-the-art"- Controlling zur Leistungssteigerung bei anderen Unternehmen und Institutionen

In der Bundeswehr ist eine 40-jährige Dienstzeit für Lastwagen keine Seltenheit. Fahrzeuge, die teilweise schon musealen Charakter besitzen, werden aufwändig gewartet. Nicht selten werden Ersatzteile von Hand gefertigt, weil der Hersteller schon lange keine Ersatzteile mehr führt. Ein umfassendes und betriebswirtschaftliches Steuerungssystem, welches über die effiziente Nutzung der Ressourcen und somit auch über ökonomische Lebenszeiten von Investitionsgütern entscheidet, fehlt gänzlich.

In Deutschland ist die Kameralistik das gängige System, die Finanzierung der öffentlichen Aufgaben

zu "steuern". Die Kameralistik berücksichtigt bei Entscheidungen nur die Faktoren Einnahmen und Ausgaben. Größen wie tatsächliche Kosten, Leistungen, oder die Veränderung von Vermögenswerten, werden nicht erfasst. Der Betrachtungszeitraum umfasst jeweils nur das Haushaltsjahr, was betriebswirtschaftliche Betrachtungen von Investitionsgütern mit einem längeren Zeithorizont verhindert.
Derzeit arbeitet die Bundeswehr an einer Einführung von SAP, um mittelfristig die aus Unternehmen bekannten Informations- und Steuerungsmöglichkeiten bereitzustellen. (3)

Performanceunterschiede zwischen börsennotierten und nicht-börsennotierten Unternehmen

Die Unternehmensperformance wird durch eine Reihe von Faktoren wie z. B. Incentive-Systeme, Managementmethoden und Publizitätspflicht beeinflusst. Für börsennotierte Unternehmen gilt das sogenannte Dual-Loop-Modell, welches den Performancedruck auf diese Unternehmen erhöht und grundsätzlich zwischen zwei Wirkmechanismen unterscheidet:

- Kontrollmechanismus: Dieser Mechanismus ist charakterisiert durch eine direkte Kommunikation zwischen Shareholdern und Unternehmen durch Quartals- oder Jahresberichte oder im Rahmen von Jahreshauptversammlungen.
- Marktmechanismus: Dieser Mechanismus ist charakterisiert durch indirekte Kommunikation in der Regel über Intermediäre wie Aktienmärkte, Analysten, oder Presse.

Der Kontrollmechanismus funktioniert bei nicht-börsennotierten Unternehmen nur sehr eingeschränkt. Dies liegt zum einen an dem sehr lückenhaften Informationsfluss nicht-börsennorientierter Unternehmen, da sie zwar der Publikationspflicht unterliegen, in der Regel aber auf eine weiterreichende und aktuelle Informationsversorgung der verschiedenen Interessengruppen verzichten. Darüber hinaus unterliegen sie einer schwächeren Kontrollinstanz, da ihre Anteilseigner über geringere Erfahrung und geringeres Bewertungs-Know-how verfügen. Dieses führt für die Geschäftsführung zu größeren Freiheitsgraden hinsichtlich unternehmerischer Entscheidungen bei der Unternehmenssteuerung.

Der Marktmechanismus fehlt bei nicht-börsennotierten Unternehmen völlig, da es keinen transparenten Markt gibt, an dem die Unternehmensanteile gehandelt werden und der dem Management entsprechende Signale senden würde. Somit fehlt der Hauptmechanismus für den Aufbau von Performancedruck. (4)

Fallbeispiele

Das Beratungsunternehmen A.T. Kearney hat im Rahmen einer Studie die Leistungsunterschiede zwischen börsen- und nicht-börsennotierten Unternehmen in Deutschland untersucht. Ergebnis dieses Vergleichs von 4.922 börsennotierten und nicht-börsennotierten Unternehmen in Deutschland (754 börsennotiert; 4.168 nicht-börsennotiert) war, dass der Erfolg von nicht-börsennotierten Unternehmen signifikant schlechter ist, als die Performance von Unternehmen, deren Anteile an der Börse gehandelt werden.
Die Studie basiert auf der Hoppenstedt-Datenbank und repräsentiert Unternehmen unterschiedlichster Industrien und 95% aller Umsätze börsennotierter und 30% der nicht-börsennotierten Unternehmen. Die Untersuchungsvariable Return on Equity (ROE)

als Quotient des Reingewinns und dem in der betrachteten Periode eingesetzten Eigenkapital ergab für den Betrachtungszeitraum von 1991 1998

- Für börsennotierte Unternehmen einen durchschnittlichen ROE von 38,6%
- Für nicht-börsennotierte Unternehmen einen durchschnittlichen ROE von 22,0%

Zu beachten ist, dass die Schere zwischen den beiden betrachteten Gruppen sich im Betrachtungszeitraum vergrößert hat. Die nicht-börsennotierten Unternehmen konnten zwar ihren ROE kontinuierlich steigern, aber nicht in dem Maße wie die börsennotierten Unternehmen.
Die zweite Untersuchungsvariable des operativen Return on Invested Capital (ROIC) als Quotient zwischen dem operativen Ergebnis nach Steuern und dem investierten Kapital weist ähnliche Tendenzen auf. Auch hier haben beide Gruppen ihre Werte im Betrachtungszeitraum kontinuierlich steigern können.

- Für börsennotierte Unternehmen wurde ein durchschnittlicher ROIC von 21,4% ermittelt
- Für nicht-börsennotierte Unternehmen wurde ein ROIC von 10,8% ermittelt

Allerdings ist in einer Einzelbetrachtung eine

signifikante Streuung der Performancewerte zu erkennen. So erwirtschaften 50% der nicht-börsennotierten und 46% der börsennotierten Unternehmen ein ROIC kleiner 8%. Bei einem angenommenen Kapital-Verzinsungsfaktor von 8% würde das bedeuten, dass diese Unternehmen sogar Unternehmenswert vernichten. (4)

Um für Sportvereine den so nötigen qualifizierten Managementnachwuchs sicherzustellen, hat die European Business School in Oestrich-Winkel das Intensivstudium "Sportökonomie" eingeführt. Führungskräfte von Vereinen der Fußball-Bundesliga, die Millionen bewegen, benötigen außer sportlichem Enthusiasmus auch wirtschaftlichen Sachverstand. Dieses berufsbegleitende Studium gliedert sich in sechs Blöcke mit jeweils fünf Tagen Unterricht. Neben betriebswirtschaftlichen Grundlagen wie Jahresabschluss, Investitionen, Controlling und Marketing, werden auch Themen mit einem direkten Bezug zu Sport wie Sponsoring, Vereins- und Eventmanagement, Vermarktung von Sportlern und Veranstaltungen, unterrichtet. Gerüchten zufolge hat sich auch die halbe Fußballnationalmannschaft um einen der jährlich 40 Plätze beworben. (6)

Mit Sponsoring, Merchandising und vor allem dem Verkauf der TV-Rechte wird ein Großteil der Erlöse eines Fußballclubs erwirtschaftet. Die Fußballbundesliga kommt noch relativ gut weg. TV-Gelder tragen zu etwa 45% zum Jahresbudget eines Clubs bei, im Gegensatz zu Italien, wo es etwa 50% sind. Allerdings beträgt diese Quote in der umsatzstärksten europäischen Liga, der britischen Premier League nur 39%.
Die Kirch-Nachfolgegesellschaft, die die Sportrechte der Deutschen Fußball Liga übernimmt, zahlt anstelle der vereinbarten 360 Mio. Euro für die Saison 2002/2003 und 460 Mio. Euro für die folgende Saison nur jeweils 290 Mio. Euro. Zusätzlich werden noch einmalig 50 Mio. Euro überwiesen, die die noch fehlende Rate von 80 Mio. Euro aus der abgelaufenen Saison kompensieren sollen.
Im Vergleich dazu hat der Bezahlsender BSkyB in Großbritannien für die abgelaufene Saison 330 Mio. GBP überwiesen und für die neue Saison einen Betrag von 355 Mio. vereinbart. Allerdings befürchten die Vereine, dass aufgrund des Zusammenbruchs von ITV Digital die Marktmacht von BSkyB steigen und damit die Preise sinken könnten. Das hat die Notierungen der 21 börsennotierten britischen Clubs sinken lassen. So sind in dieser Saison auch "nur" 110

Mio. GBP in neue Spieler investiert worden im Vergleich zu den 280 Mio. GBP in der abgelaufenen Saison.
Die deutschen Clubs haben eine Personalaufwandsquote von 50%, die englischen von 60% und die italienischen Clubs gar eine von 75%. (5)

Spezifische Performance Measurement- und Controlling-Systeme für Profi-Fußballvereine sind im Detail auch Thema von Dissertationen und Büchern. (8), (7), (1)

Weiterführende Literatur

(1) Dörnemann, Jörg, Elemente eines Controllingsystems Konzeptüberblick und Konkretisierung am Beispiel des strategischen Kostenmanagements, Controlling, Heft 1/2002, S.31-40
aus Frankfurter Rundschau v. 16.08.2002, S.5

(2) Dialog und Reformen
aus Darmstädter Echo, 16.09.2002

(3) Die Bundeswehr muss umgebaut werden
aus Die Welt, Jg. 52, 16.09.2002, Nr. 216, S. 12

(4) Dürr, Martin / Knust, Patrick, Was treibt die Performance? Performanceunterschiede zwischen börsennotierten und nicht-börsennotierten Unternehmen in Deutschland, Controlling, Heft 8/2002, S.465-471
aus Die Welt, Jg. 52, 16.09.2002, Nr. 216, S. 12

(5) Die Medienkrise hat den Fußballaktien gerade noch gefehlt Weniger Geld von Kirch, schlechte Noten für die Kommunikation, kaum Handel an den Börsen und die Kurse sinken in die Tiefe des Raums
aus Börsen-Zeitung, 18.09.2002, Nummer 180, Seite 11

(6) Betriebswirtschaftliche Pflicht und sportliche Kür
aus Frankfurter Allgemeine Zeitung, 14.09.2002, Nr. 214, S. 53

(7) Bundesliga unter Kontrolle
aus FTD Financial Times Deutschland vom 06.08.2002, Seite 32

(8) www.splitsec.net
aus FTD Financial Times Deutschland vom 06.08.2002, Seite 32

Impressum

Leistungssteigerung durch professionelles Controlling - Für viele Unternehmen ein Tabu

Bibliografische Information der deutschen Nationalbibliothek

Die Deutsche Nationalbibliothek verzeichnet diese Publikation in der deutschen Nationalbibliografie; detaillierte bibliografische Daten sind im Internet über http://dnb.d-nb.de abrufbar.

ISBN: 978-3-7379-0130-7

© 2015 GBI-Genios Deutsche Wirtschaftsdatenbank GmbH, Freischützstraße 96, 81927 München, www.genios.de

Alle Rechte vorbehalten. Dieses Werk ist einschließlich aller seiner Teile – z.B. Texte, Tabellen und Grafiken - urheberrechtlich geschützt. Jede Verwertung außerhalb der Grenzen des Urheberrechtsgesetzes bedarf der vorherigen Zustimmung des Verlags. Dies gilt insbesondere auch für auszugsweise Nachdrucke, fotomechanische

Vervielfältigungen (Fotokopie/Mikroskopie), Übersetzungen, Auswertungen durch Datenbanken oder ähnliche Einrichtungen und die Einspeicherung und Verarbeitung in elektronischen Systemen.